LA LANGUE

ET

L'ESPRIT

PREMIÈRE LEÇON

DU COURS DE LITTÉRATURE ÉTRANGÈRE

À LA FACULTÉ DES LETTRES DE GRENOBLE

Prononcée le 26 novembre 1868

PAR

Charles - Julien JEANNEL

GRENOBLE

IMPRIMERIE DE PRUDHOMME, RUE LAFAYETTE, 14

1868

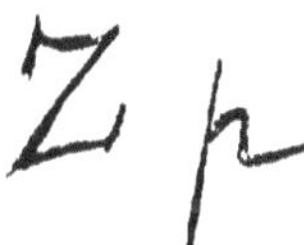

LA LANGUE

ET

L'ESPRIT

PREMIÈRE LEÇON

DU COURS DE LITTÉRATURE ÉTRANGÈRE

A LA FACULTÉ DES LETTRES DE GRENOBLE

Prononcée le 26 novembre 1868

PAR

Charles - Julien JEANNEL

GRENOBLE

IMPRIMERIE DE PRUDHOMME, RUE LAFAYETTE, 14

1868

Socrate disait qu'un homme timide et ignorant, s'il était interrogé avec habileté par un prudent maître, finirait par répondre d'une manière satisfaisante à presque toutes les questions qui lui seraient posées, même sur les sujets qu'il se croyait d'abord incapable de traiter.

Je suis ce disciple timide et ignorant. Je n'ai ni la science ni l'expérience qu'il me faudrait pour parler avec autorité devant un tel auditoire. Je n'ai même pas, à défaut de science, l'érudition hardie de mon infortuné prédécesseur. Et si l'émotion qu'éprouve tout homme à professer pour la première fois devant un public de choix, secoue et quelquefois paralyse les maîtres les plus renommés, — que ne dois-je point ressentir en abordant cette épreuve? Permettez-moi de le dire : quand je considère et à qui je parle et qui je suis, il me semble qu'en demandant votre indulgence je ne fais pas une banale prière, je ne prononce pas une vaine précaution oratoire : — il me semble en vérité que je réclame un droit, qui est dû à mon inexpérience, et que votre bienveillance ne me refusera pas.

Oui, je suis ce disciple ; et vous, Messieurs, vous êtes ce maître que disait Socrate.

— C'est moi qui parle, me direz-vous ; et vous ne m'interrogez point. —

Et comptez-vous pour rien cette muette interrogation de mille regards atttachés sur moi, dont l'avide curiosité demande silencieusement ce que je vais dire, — dont la brillante fixité exige impérieusement que j'intéresse, que j'émeuve toutes les âmes que je vois derrière ces yeux ?

Ah ! Messieurs, c'est un idéal à peine réalisé quelquefois dans toute l'histoire des hommes, qu'un Démosthènes ou un Berryer maniant à son gré la foule domptée sous son éloquence, comme Alexandre menait d'un revers de sa main d'enfant le Bucéphale écumant et vaincu. Les choses ne vont point ainsi, d'ordinaire : l'éloquence de l'homme qui parle en public dépend, pour une grande part, de ce public, de sa valeur, de sa curiosité, de son attention, de sa bonne volonté à s'émouvoir. Plus que jamais, dans la circonstance présente, il est vrai que c'est l'auditoire qui fait l'orateur ; et si j'arrive à bien dire quelques choses justes, assurément c'est à vous que je le devrai.

Le Ministre qui m'accorde l'honneur d'occuper cette chaire, l'auditoire qui me fait l'honneur de l'entourer, me demandent de parler sur les littératures étrangères.

Certes, la Grèce, Rome et la France offrent des miracles de perfection dans l'art de bien penser et de bien dire ; et ces trois patries privilégiées de l'esprit humain fournissent matière inépuisable à la savante éloquence de quatre professeurs : car la philosophie et l'histoire même ne s'en éloignent guère que pour y revenir, avec l'amour, et quelquefois la désillusion, du pigeon voyageur. Quant à moi, exilé de ces terres classiques de la raison et du goût, je vais donc errer par le monde, comme l'oiseau de passage qui ne s'arrête à la branche d'un arbre ou au bord d'un toit, que pour repartir à plein vol vers l'inconnu qui l'attire !

Mais, quel domaine est le mien !—Pour quelle contrée allons-nous donc partir ? Irons-nous vers le Nord, le long des lacs d'Écosse, écouter les chants mélancoliques des bardes? Irons-nous dans les brouillards scandinaves chercher au pied des Alpes glacées les souvenirs de l'Edda? Ou bien, nous enfermant dans la chaude maison moscovite, prendrons-nous part un instant aux scènes bourgeoises et sanglantes de la vie slave? Pleurerons-nous en Pologne la liberté perdue? Ou chanterons-nous, sous la tente tartare, l'imprescriptible liberté du désert?

Voulons-nous des poëmes plus précis et des œuvres plus dramatiques? Voici l'Allemagne et Schiller, l'Angleterre et Shakespeare auquel Aristote, certes, aurait réservé la sublime épithète qu'il ne pouvait décerner qu'à Euripide.

Ou si le soleil nous appelle, courons à la brune Espagne; célébrons les Cid, et battons-nous avec les Don Quichotte!

Ou si nous voulons des chants d'amour, allons en Italie entendre les soupirs harmonieux de Pétrarque à Venise ou d'Arioste à Ferrare.

Et si notre caprice aime mieux le sombre et l'horrible, invoquons l'Esprit des ténèbres avec Faust, ou pénétrons les profondeurs de l'Enfer avec Dante!....

Partons! Partons! — Et nous aurons lassé nos ailes, avant d'avoir parcouru le quart du ciel déployé devant nous!

Eh bien, où que nous allions, Messieurs, nous trouverons toujours la même chose : des hommes !—Oui, des hommes—qui pensent, aiment, souffrent, comme ils ont toujours fait, et partout.

— Mais alors, direz-vous, pourquoi partir? A quoi bon quitter notre heureux toit? Que rapporterons-nous de ces lointains voyages ? —

Messieurs, vous faire comprendre l'intérêt de ces études étrangères, et ce qu'on en peut tirer de plus que le plaisir d'avoir beaucoup vu, c'est le but que je me propose aujourd'hui.

Je viens de le dire : c'est l'*homme* que nous trouverons toujours et partout, le *même* homme. Et pourtant, nulle part il ne sera le *même* absolument.

Le paysan breton, quand il veut clore un champ, creuse dans la glaise quatre mètres de fossé ; la terre tirée de là forme un talus capable de défendre un camp : il y sème des glands, le chêne y pousse, rameux, dru, inébranlable : cette haie, c'est une bande de forêt. Le temps vient où on la coupe. Et alors, sur ce sol moussu, privé depuis trente ans de soleil, j'ai vu naître soudain par milliers, par millions, de façon à former un ruban d'or au milieu de l'immuable verdure, une petite crucifère jaune, un *Vélar* (¹).

____

(¹) *Erysimum barbarea* et *præcox*.

Il y en a là deux variétés, mêlées, confondues. Et au premier coup d'œil, le botaniste reconnaît chacune ; et chacune garde invinciblement son caractère propre. Et chaque individu de ce peuple de plantes a son individualité, son air qui le distingue ; et, tous semblables, ils ne sont pas deux pareils.

De même les hommes. Tous, et le nègre et le blanc, et le maître et l'esclave, — et l'européen le plus raffiné par la civilisation séculaire, et le sauvage le plus abruti par la dégradation héréditaire, — tous ils sont frères, tous de la même espèce, tous exemplaires spéciaux et groupes collectifs de la même idée divine.

Mais, tous semblables, ils diffèrent tous. Et chez eux ces différences ne dépendent pas seulement, comme pour les plantes et les animaux, des circonstances extérieures qui modifient plus ou moins çà et là le type primitif, mais aussi et surtout de l'usage qu'ils font de leur activité libre ; — et non-seulement de l'usage qu'ils en font eux seuls, mais de l'usage qu'en ont fait, pendant des temps fort longs, leurs pères, leurs aïeux, leurs ancêtres ; — de celui qu'en a fait collectivement la famille, la société, la race dont ils sont membres : — parce que l'homme, c'est un fait, n'a point été créé solitaire ni passager, mais durable et solidaire.

Au physiologiste, de distinguer s'il le peut à quelles influences lentes de climat, de nourriture, de mœurs, sont dues les variations du type ; —

A l'historien, de raconter les vicissitudes des nations, d'apprécier leurs actes, de juger leurs progrès et leurs décadences, de discerner les causes de leurs fusions ou de leurs inimitiés ; —

Quant à moi, les nuances que je vous convie à étudier sont plus délicates encore, plus difficiles à apprécier, — et pourtant plus profondes.

Montez en chemin de fer et passez le pont de Kehl. Rien n'a changé à vos yeux que la casquette des employés et l'heure adoptée par l'administration. D'un côté comme de l'autre, mêmes maisons, mêmes habits, même air. Un patois intermédiaire vous a presque dissimulé le changement de langue.... Et pourtant, voilà deux peuples !

Je dis *peuples*, car jamais l'un ne sera citoyen de l'autre ; jamais l'un ne parlera ni ne pensera comme l'autre. Et dans cette Europe cosmopolite, que vous pouvez traverser en trois jours, il y a des barrières invisibles, mais infranchissables, qu'il faudrait autant de siècles pour abaisser qu'elles en ont mis à s'accumuler.

Pourquoi sont-ils *Allemands?* et pourquoi nous, *Français?* Est-ce parce qu'ils sont tous fils d'Hermann et de Witiking, nous de Vercingétorix et de Clovis? Nous ne nous en souvenons guère ni les uns ni les autres, et nous aurions grand'peine à retrouver nettement chacun nos origines oubliées. Non ; — c'est que les uns parlent *français*, et que les autres parlent *allemand*.

L'histoire, aujourd'hui, fait d'incroyables découvertes : elle trouve les dates précises des plus antiques dynasties de Manéthon ; elle proscrit le mythe de Sémiramis pour mettre à sa place les noms positifs de conquérants ninivites plus puissants, plus effrayants que les César et les Bonaparte.

D'où vient que, de ces bâtisseurs de la tour de Babel ou de la pyramide de Chéops, de ces potentats qui entassèrent sur le globe des montagnes pour monuments, rien ne soit resté qu'un nom en écriture hiéroglyphique ou cunéiforme? D'où vient que les millions d'êtres humains qui pendant des siècles ont peuplé ces empires immenses et produit ces civilisations énormes, aient disparu de la mémoire des hommes, comme ces myriades d'insectes un instant apparues dans un rayon de soleil couchant, et qu'emporte le vent du soir?

Et voilà cette petite tribu d'Arabie où Job écrivait sous la tente ; — voilà cette petite république d'Athènes qui n'eut jamais autant de citoyens que Xerxès de soldats : elles sont immortelles.... La terre de Hus est le désert ; le temps achèvera de réduire en poussière ce que les Turcs et les Anglais ont laissé de l'Acropole : Chéops et Babel seront toujours là ; — et les hommes futurs parleront de Job et de Socrate, et ils ignoreront les Assyriens et les Pharaons.

Chez les uns, on parlait, on écrivait, et donc on pensait ; — chez les autres, s'accumulaient péniblement, sur le papyrus ou sur la brique crue, les alphabets enfantins et compliqués d'un langage indécis qu'à peine les vieux prêtres savaient lire. Hébreux et Grecs avaient une *langue* et un *esprit* : Egyptiens ni Assyriens n'avaient guère l'un ni l'autre.

Je n'entends point dire qu'ils ne pensassent ni ne parlassent, ce qui serait absurde ; mais quelles que fussent d'ailleurs leurs qualités industrieuses ou guerrières, — par rapport à des peuples moins puissants en apparence, mais supérieurs en fait, ils pensaient médiocrement ; ils parlaient et écrivaient mal.

Qu'est-ce donc qu'une *langue* bien faite ? et qu'est-ce que l'*esprit* d'un peuple ?

L'homme, civilisé ou non, pense en parlant. Il lui est aussi naturel de traduire ses idées par signes sonores, que de les percevoir et concevoir; il lui est aussi naturel de les exprimer en propositions et en phrases, que d'affirmer entre elles des rapports et de les associer. Comme il vit toujours en famille, en société, ses pensées et son langage se perfectionnent plus ou moins, suivant les progrès plus ou moins grands que fait sa famille, sa société.

Et je définis l'*esprit* d'une société, d'un peuple, sa manière habituelle et spéciale de penser, d'être ému, de vouloir, — manière qui est assurément générale et constante pour l'humanité prise en masse ; mais qui varie pourtant suivant les individus, chacun le sait, et encore plus suivant les races ; — parce que races et individus ont et auront toujours, dans une mesure variable et limitée, mais réelle, une personnalité libre.

Oui, nous devons le proclamer, l'esprit humain est *un*, la raison est *une*, le cœur et la volonté sont *uns* : mais, ainsi que la même musique n'est point la même suivant le musicien qui la joue et l'instrument qui la rend, ainsi raison, cœur et volonté varient en quelque chose suivant les *esprits* et suivant les *langues*.

Assurément, en principe, c'est l'*esprit* qui forme la *langue*. Quoiqu'ordinairement l'idée et le signe qui l'exprime se produisent simultanément, l'idée est, dans l'ordre logique, antérieure au signe ; l'*esprit*, à la *langue*.

Mais l'esprit, une fois en possession d'un système de signes suffisant à l'expression de ses pensées ordinaires, se laisse aller à ne plus penser que par ce système acquis ; il s'y enferme, il s'y endort. Sa langue maternelle devient sa méthode unique pour concevoir, pour réfléchir, même pour être ému et pour vouloir.

Et si les pères d'un peuple se sont trouvés, par médiocrité d'intelligence, par paresse, par absence de morale ou de logique, transmettre à leurs fils un langage insuffisant ou confus, il y a une sorte de fatalité héréditaire qui rend les descendants presque incapables de franchir jamais cette enfance intellectuelle que leur ont léguée les ancêtres.

Aujourd'hui, l'Asie orientale nous présente encore l'étonnant spectacle d'une race innombrable, la plus industrieuse peut-être du monde, qui, par sa langue et son écriture, reste depuis deux mille ans incapable d'un progrès quelconque, même moral. — Et sans doute aussi Péking, avec ses deux millions d'êtres vivants, sa police, son industrie et son *céleste* empire, disparaîtra de l'histoire à venir; — tandis que la petite ville de Weimar, l'Athènes du Nord, qui n'a pas quinze mille habitants, sera indéfiniment célèbre, parce que là pensèrent bien et écrivirent dans une langue bien faite Goethe, Schiller, Wieland, Herder et Kotzebue.

Bien faite, oui ; — mais, ni grecque, ni française, ni autre. Elle a sa construction, sa méthode, son style, son originalité, son *esprit*.

Je n'anticipe point sur ce que nous jugerons ensemble de l'*esprit allemand*, plus que curieux, admirable sous tant de rapports. Mais remarquons que notre *esprit français*, inséparable de notre langue, est d'autant moins compréhensible aux étrangers que ceux qui le représentent sont plus *français*. Le *Télémaque* se lit dans toute l'Europe; et jamais une fable de La Fontaine n'a pu franchir le Rhin. Que dis-je? *Maître corbeau* était inintelligible au Génevois Rousseau ! — On pense les mêmes choses, on est ému des mêmes choses, *autrement* en allemand qu'en français : l'*esprit allemand* n'est point, et ne sera sans doute jamais l'*esprit français*.

Quoi qu'il en soit, ces deux langues sont parlées par deux peuples intelligents; toutes deux leur permettent de penser ; toutes deux les *aident* à penser.

De même qu'en mathématiques certaines découvertes seraient impossibles sans certaines méthodes, ainsi certaines hauteurs de pensée sont impossibles sans certaines formes de langue.

Par un travail très-lent, inconscient, qui ne se produit que chez quelques races heureuses, et qui fait la grandeur et la gloire de l'humanité, peu à peu l'esprit modifie sa langue, et peu à peu la méthode de la langue modifie la manière d'agir de l'esprit, — latente, incessante et quasi divine activité de l'homme ! — jusqu'à ce qu'enfin l'un et l'autre arrivent à une convenance parfaite, l'esprit étant habitué à penser exactement dans la forme complexe de la langue, — la langue étant assouplie à servir toutes les hardiesses, toutes les délicatesses de l'esprit : — Et c'est alors que parle un Platon, que chante un Horace, que pense un Pascal....

Il s'est formé, dans l'Europe moderne, trois grandes familles de langues : les latines, les saxonnes et *les* slaves. Parmi les latines, trois principales, la française, l'espagnole, l'italienne ; deux parmi les saxonnes, l'allemande et l'anglaise. Eh bien, à chacun de ces idiomes, qui ne sont arrivés qu'après des siècles au degré de perfection relative où nous les voyons aujourd'hui, à chacun d'eux correspond un *esprit* national, aussi lentement formé, aussi invétéré que la langue.

Et l'objet de nos études ne sera point tel ou tel idiome latin ou saxon, tel ou tel poème anglais ou italien ; ce sera plus que cela : — ce sera l'*esprit* même des peuples, manifesté par leur littérature. Et de même que le plus grand de tous les historiens, Thucydide, savait, dans un discours idéal, résumer et peindre le caractère, la politique, l'*esprit* d'un Alcibiade ou d'un Périclès, — ainsi, des productions littéraires d'un peuple, nous tâcherons de tirer l'exact tableau de son caractère, de son *esprit*. Nous apprendrons à connaître, non-seulement l'histoire, mais le fond même et le cœur de ces grandes familles européennes, sœurs ou rivales de la nôtre.

Cette esquisse de nos travaux doit déjà vous faire entrevoir, outre l'intérêt qu'ils nous pourront offrir, le fruit que nous en pourrons tirer, — si nous voulons.

Je dis *si nous voulons* ; car sans volonté, l'homme le mieux doué n'est capable ni d'une bonne action ni d'un progrès. Et où il faut que nous apportions de la volonté, c'est d'abord à ne nous point laisser distraire par le charme d'errer à l'aventure de fleur en fleur, de tragé-die en roman ; — ensuite, à nous prescrire de juger sans passion ce que nous aurons étudié avec ordre.

Comme Descartes, si vous le voulez bien, nous allons nous faire une *méthode*; et nous prendrons l'engagement de ne jamais oublier les règles que nous nous serons imposées.

Elles sont trois *:*

1° Dépouiller, sinon notre *esprit*, au moins notre *amour-propre* français ; et ne point dédai-gner sans examen ce qui nous paraîtra d'abord étrange ou même blessant pour nos goûts ;

2° Ne juger rien que nous ne connaissions à fond ; mais, une fois connu, le juger absolument avec notre seule raison. La raison ! sans elle, sans cette raison lumineuse que c'est la gloire immortelle de Boileau d'avoir invoquée comme pierre de touche unique des ouvrages de l'esprit, sans la raison, dis-je, il n'y a, dans nos études, ni principes, ni conséquences, ni critique, ni goût : il n'y a rien ;

3° Enfin, nous jugerons aussi au nom de la morale, au nom de l'éternelle morale, tout ce que nous aurons étudié, et nous tâcherons de garder notre morale aussi impossible à séduire que notre raison à tromper.

Ces règles, Messieurs, je vais avoir occasion d'en user avant vous. La bienveillance de M. le Ministre de l'Instruction publique m'envoie en Allemagne étudier chez les Saxons cette langue et cet esprit dont je dois vous entretenir. Je pense que vous vous associerez à moi dans l'expression de la gratitude due au Ministre qui fournit ainsi à un professeur le moyen de se rendre digne d'un auditoire d'élite. Quand je viendrai reprendre le cours de nos études à peine indiquées aujourd'hui, j'aurai fait déjà l'essai de notre méthode ; et je ne doute pas qu'avec elle nous ne rapportions quelque chose de nos lointains voyages. Non-seulement nous y gagnerons en instruction, mais en *valeur morale*.

Quand Socrate posait en principe de toute philosophie le *Connais-toi toi-même*, il nous encourageait dans la voie que je vous propose ; car, pour se connaître soi-même, ce n'est point une mauvaise méthode de connaître les autres ; et certes il est utile d'arriver à une notion nette et générale de cette aristocratie de l'humanité,

composée par l'élite de ceux qui, chez toute nation, ont eu des pensées hautes, ont éprouvé des
émotions supérieures, et les ont bien exprimées.

J'ai prononcé le mot d'*aristocratie*. Oui, Messieurs, c'en est une, naturelle, imprescriptible,
que celle des Lettres. Le hasard a voulu que ce
fût moi, le plus jeune, le dernier venu, le moins
digne, qui ouvrisse cette année les cours de cette
Faculté. Certes, le talent de ceux que je
dois plutôt appeler mes maîtres que mes collègues, n'a pas besoin d'être loué. Mais il m'est
permis de proclamer la valeur morale de ces
cours. Ici, Messieurs, les âmes s'élèvent; ici,
en étudiant, en discutant, en critiquant, l'on
apprend à juger; ici, par l'histoire des grandes
actions et des basses, par l'étude des théories
philosophiques, par l'assidue contemplation du
beau dans les productions de l'esprit, l'on devient plus capable de discerner le vrai, d'aimer
le beau; et donc, si l'on veut, de pratiquer le
bien. — Oui, Messieurs, plus capable du bien;
mais aussi plus coupable de le négliger. Notre
responsabilité grandit avec notre instruction;
et à ce point de vue, la nôtre, j'entends celle
des auditeurs de nos cours autant que celle des
professeurs, cette responsabilité n'est point pe

tite. Je ne vous dis point ceci sans réflexion : la vraie grandeur de la France, ce sont ses Lettres ; notre vraie gloire, c'est notre LANGUE et notre ESPRIT.

Le peuple le plus civilisé qui ait paru sur terre, celui qui honore le plus l'humanité, je veux dire les Ioniens, — les Ioniens avaient personnifié, divinisé le génie de leur race en un poète : Homère. Il avait ses temples et ses prêtres, son culte et ses interprètes. Grâce à eux, l'Ionie est impérissable; et, détruite, disparue de la face de la terre, elle rayonne sur l'humanité de la plus radieuse gloire qui ait jamais brillé...

Messieurs, vous auditeurs bienveillants de nos cours, nous professeurs convaincus de l'enseignement supérieur, nous sommes, comme les Homérides, prêtres et gardiens d'un temple immortel : le temple du Génie français !